Formules po

Florentin Smarandache

(Translator: Chantal Signoret)

Alpha Editions

This edition published in 2024

ISBN : 9789366389196

Design and Setting By
Alpha Editions
www.alphaedis.com
Email - info@alphaedis.com

As per information held with us this book is in Public Domain.
This book is a reproduction of an important historical work. Alpha Editions uses the best technology to reproduce historical work in the same manner it was first published to preserve its original nature. Any marks or number seen are left intentionally to preserve its true form.

"Etat-de-moi"

Les poèmes d'Ovidiu Florentin[1], de sa plaquette. "Formules pour l'esprit" (editura Litera, Bucuresti, 1981), "bleus comme l'heure et tendres comme la timidité, assaillis de quiétude et vaincus d'appels" —ainsi qu'il le déclare dans une ars poetica d'ouverture: "Avant le propos"—, ayant quelques "vers herbeux, grandis dans le duvet ouaté d'un songe", "au corps vert comme la vie, aux yeux bleus comme l'espérance", "plus pure que la santé"—tel qu'il nous le confie, dans la conclusion: "Au-delà du propos", avec des symboles heureusement choisis auprès d'une onde distinctive du novecentisme montal—ungarettienne, non assimilée intégralement, nous donnent, toutefois, la certitude d'une voix lyrique, se trouvant, évidemment, en un permanent *"état-de-moi"*—comme il nous le dit dans un titre qui se veut une lyro-définition de l'esprit ("L'esprit est un état-de-moi")—voix dont nous entendrons parler dans les saisons futures de la poésie roumaine contemporaine, en aucun cas dans le registre des clameurs, de mode passagère, mais, plutôt, psalmodiale. L'arc voltaïque des existences d'Ovidiu Florentin se déploie entre *infini et poème—l'infini et le poème* illustrant la dichotomie optative: "Je vis en de nombreux lieux, en plusieurs/lieux à la fois—et dans chaque / vers je laisse seulement l'une de mes vies, rien / qu'une vie. // L'éloignement sera mon tombeau, / et mon cercueil: l'infini!" (Avant le propos); "Le temps se suspend à mon cou / telle une meule de pierre / ...// Mais je vis, je vis jusque dans la rue / jusque dans la ville / jusque dans la chambre où je travaille". (L'esprit est un état-de-moi). Remarquable est chez ce poète l'acuité de la perception, bien entendu, transmise au récepteur par une suite de métaphores révélatrices, par des syntagmes d'une véritable force poétique: "Parmi l'herbe le temps joue / nu-pieds / ...// et les questions déambulent, leurs langues tirées / comme vipères, prêtes à mordre." (*Le rouge du sang s'écoule toujours en moi*); "Les maïs / allument des fanals / sous leurs ailes.";

"Soutenues par leurs béquilles / les illusions cheminent, / à travers la boue de la nuit / les étoiles marchent / en bottes." (*La lumière pèse lourdement en veilleuse*); "Hélas, l'esprit / heurte le corps." (*Parc sans amoureux*); "Air aux yeux de bronze"; "Guêpiers chroniques / de corydales ..."; "Je lis les rivières et les écris / avec des pierres"; "Il pleut si longuement que croissent mousses et lichens /juste sur le coeur." (*La vie, la pauvre, perd son temps*) etc.

La lecture fidèle des poèmes d'Ovidiu Florentin nous convainc que le poète il atteint "de son front le chant du rossignol".

15 août 1982.

ION PACHIA TATOMIRESCU

[1] nom de plume de Florentin Smarandache

AVANT LE PROPOS

Sur les cordes de la Langue de feu nous nous consumons pareils à une guitare. Des lettres sonores dans les livres d'heures fleurissent, et nous glissons vivants entre les hautes pages ...

Comme une armée, les chimères viennent à nous, domestique blessure en notre âme fluide. Le sommeil se brise en doux éclats de rêve, semblables aux bois sur la braise.

Nous dilatons le poème en symboles (et le resserrons), mais la métaphore ouvre une fenêtre envahie de soleil. L'écriture couche sa vie sur le papier;

    idées qui la tètent comme on tète une mère,

    images verticales — au bord éclairées telles les firmes électriques,

    vers bleus comme l'heure et tendres comme la timidité, assaillis de quiétude et vaincus d'appels, avec de blancs murmures de sources ou de suie nocturne.

Comment rétablir mon origine, par de menues choses (souvent grandes) à foison, quand tout ce que j'énonce me semble avoir été déjà dit par d'autres?

Je vis en de nombreux lieux, en plusieurs lieux à la fois — et dans chaque vers je laisse seulement l'une de mes vies, rien qu'une vie.

L'éloignement sera mon tombeau, et mon cercueil: l'infini!

Comme l'oiseau en vol tondons l'arc docile de la poésie! Et libérons sa flèche vers la cible mouvante de l'Eternité!

CES NOIRS DÉPARTS
DE MES PUPILLES

Avec des fruits aux rameaux
dénuement —
arbres en cadence,
pieds nus.
Le moulin
trait de son eau
la source,
et dans le pâturage:
délire-de-rosés.
Coulent les humbles larmes
de ciel.

La tranquillité mesure
mes éloignements —
ces noirs départs
de mes pupilles.

***

Tombent les feuilles. Les arbres demeurent les mains vides.
Les allées serpentent longuement entre les tombeaux.
Tombent les feuilles. Les arbres demeurent les mains vides.
J'erre nu-pieds sur les mots.

Les objets alentours, je les atteins
de ma quiétude.

Tard vers le soir je pose mon oreille sur le ciel
comme sur un oiseau mort.
Tombent les feuilles. Les arbres demeurent les mains vides.
J'erre nu-pieds sur les mots.

L'ESPRIT EST UN ÉTAT-DE-MOI

La nuit s'abandonne comme un asile de vieillards.
La neige écoute aux portes
et le vent décapite les arbres.
La nuit s'abandonne comme un asile de vieillards.
Près des poêles, les enfants retournent en leurs mères.

Le temps se suspend à mon cou
tel une meule de pierre,
le vent décapite les arbres.

Mais je vis, je vis jusque dans la rue
jusque dans la ville
jusque dans la chambre où je travaille.

La nuit s'abandonne comme un asile de vieillards
et l'esprit,
l'esprit est un état-de-moi.

DES CONTOURS D'ENVOL
SE BRISENT

Une grande roue
de crépuscule
est crucifiée
sur une crête.

Des arbres livides
vagabondent tête découverte,
roi dans les rues —
le vent du nord
aux poches vides.

Des contours d'envol
se brisent —
et vous, ceux qui ne pensez pas,
ô, vous, objets,
vous nous donnez, à nous,
vos blessures.

COUCHER DE SOLEIL

La mélancolie d'un coucher de soleil
m'enveloppe
en ondes pâles,
les sens glissent paisibles
d'En-Haut —
comme anges d'or.

Gracile s'élève
la fumée de la jeunesse
au temps passé.

Demain
va mourir
à la nuit.

LE ROUGE DU SANG S'ÉCOULE
TOUJOURS EN MOI

Parmi l'herbe le temps joue
nu-pieds.

La lampe palpite en larmes de soir.
Toujours en moi s'écoule le rouge du sang,
et les questions déambulent, leurs langues tirées
comme vipères, prêtes à mordre.

Le ciel dort tel un matou
son museau posé sur ses pattes.

La lampe palpite en larmes de soir.
Toujours en moi s'écoule le rouge du sang.
Et les questions déambulent, leurs langues tirées
comme vipères, prêtes à mordre.

LES HAUTEURS EN AIGLES CROISSENT

Fragiles perce-neige
de sous la glace attirent
le printemps,
éclatent
les sources-de-l'univers,
et dans un petit zéphyr
sourires aux lèvres
moi je me tatoue.

Les douces grues cendrées apportent sur leurs ailes
la chaleur,
les hauteurs
en aigles croissent,
et les monts de leurs cimes
déchirent, l'azur.

VIGNOBLE CUEILLI PAR LE SOLEIL

Vignoble cueilli
par le soleil
et écrasé
de lumières.

Comme une nacelle
fendant l'espace
la lune
s'humilie dans les eaux....

Les maïs
allument des fanals
sous leurs ailes.

On entrevoit des paysans
dans le long et grand chariot
du firmament.

LA MORT RESTERA VIVANTE

Une marche funèbre conduit
la bruine tardivement.
Ce sont les feuilles tachées
de mélancolie.
Le temps aussi grandit sur les tombes.

Les yeux se ferment dans les orbites
comme au fond des cercueils,
mais les rêves passent encore
déchaussés dans les ruelles.
La mort restera vivante!

LE SILENCE COMME UNE BARQUE

En toutes choses il se fait
tard:

aulnes — la tête lourde de sommeil
penchée vers le sol,
acacias — fatigués d'une longue station
debout.

Le soir éteint le ciel.

Passent encore les vents en une
barque d'air.
Dans la rue, une lanterne allumée
irradie la haie de sa lumière.

LA MUSIQUE EST UN SONGE
AUX YEUX OUVERTS

La Troisième Symphonie de Beethoven. Les violons
traversent de leurs cordes nos oreilles.
Les spectateurs sont assis et observent les sons.

La Troisième Symphonie de Beethoven. Les archets
se meuvent uniformément
comme une armée au pas cadencé.
Les spectateurs sont assis et observent les sons.

La Troisième Symphonie de Beethoven. Quelques
personnes jettent sur scène des larmes.

La musique,
la musique est un songe aux yeux ouverts.

Les spectateurs ont abandonné leurs corps sur les chaises
— comme des bagages en surplus —
et rêvent, rêvent autant qu'il se peut
et leurs songes filent entre les étoiles.

 La Troisième Symphonie de Beethoven.
La Troisième Symphonie
La Symphonie

et au final, au final chacun s'éveille
de lui-même et part
de lui-même....

Le rideau tombe comme une nuit de décembre.

JEUNE COMME UN MATIN

Ainsi qu'un commencement
tendre je suis
sous le carillon vivant
de l'orient,
et mon heure
érige sa tour.

Tel un ciel ingénu
qu'élève
cependant le crépuscule —
je m'incline tremblant
vers Demain.

LA LUMIÈRE PÈSE LOURDEMENT EN VEILLEUSE

Souffle le vent souffle, et les arbres
les arbres me tournent le dos.

La lumière pèse lourdement
en veilleuse.
A la fenêtre — les grilles
de ténèbres.

Soutenues par leurs béquilles
les illusions cheminent,
à travers la boue de la nuit
les étoiles marchent
en bottes.

Souffle le vent souffle, et les arbres
les arbres me tournent le dos.

S. O. S.

Hier ainsi, aujourd'hui beaucoup plus
le navire sur la tempête reçoit fortement, plus fortement
des coups dans sa proue.

La mer injurie et fuit,
les chiens des vagues
nous aboient.
L'eau se dresse sur
deux pattes,
des deux autres elle s'appuie sur le pont.

Le mât tombe à genoux
et prie.

Surviennent en glapissant des meutes de vagues,
et de toutes parts.
Prostituée de la mer —
la voile.

L'équipage s'accroche de ses ongles,
de ses dents, de ses pieds à tout ce qui
demeure encore, à une planche,
et plus réellement:
à une espérance —
mais chacun se noie
en lui-même;
nos esprits
flottent encore grelottants
dans des canots de sauvetage.

"Sauvez nos âmes",
sauvez-les,
vous les sauvez!

LES SOUCIS COMMENCENT
A FOURMILLER LE LONG DES RUES

Une fontaine de ciel
révèle l'orient.
Les saules reflètent
en un enfant-de-ruisseau
le regard sensuel
du corps.

Le long des rues commencent à fourmiller
les soucis,
des hommes plein la bouche.
A la périphérie les peupliers
portent sur leurs épaules
des sentiers.

LARMES DE FER

De quelles souffrances
se compose la vérité?
(questions maculées de sang
sur le visage).

Les soldats versent des larmes
de fer
(c'est un passage par les choses
de la douleur).

Un oeil penche sa main
au dehors:
l'on voit nos traces
sur le temps.

SEUL PARMI LES ÉTOILES

Comme une jeune fille alanguie,
le soir tombe à genoux
auprès du carreau.

Ciel aux yeux noirs.

Dans les tympans la tranquillité
fait son lit pour dormir.
Les choses, toutes, sont devenues égales
à elles-mêmes...
Une libellule se débat encore
vigoureusement
en une clepsydre...

— S'il vous plaît, ne m'attendez point,
je m'attarderai un peu
parmi les étoiles.

DE LA LUMIÈRE
NOUS RECUEILLERONS TOUT LE MIEL

Mai en fleur
suspendu à un rameau.

Une usine
de sentiments
commence son travail,
décharné et ardent
l'oeillet
brise sa tête
contre soleil,
au visage doucement
suinte
notre rêve matinal.

De la lumière
nous recueillerons tout le miel —
sans gaspillage!

MON SANG EST UN VOYAGEUR

Place propos
sur propos
pour la montée,
ou pour les non-propos.

La pente n'est
qu'un chemin
dans le Chemin initial.

Mon sang est
un voyageur,
qui t'attire
sur le rivage.

EN CET OISEAU SE TROUVE
UN ENVOL

Explosion du champ
en perce-neige
(l'oeil de verre
regarde
au dehors).

De symboliques graines
en marche forcée
de la vase extraient
la lumière.

Sur un rameau incliné,
en cet oiseau se trouve
un envol.

LE DOUX CORPS DE LA POÉSIE

Avant la rivière
le tumulte —
emmitouflé par les hommes.
Entre les flocons-de-soleil
le sourire édenté
d'un enfant.

Tout à côté de moi,
galopant parmi les mots,
le doux corps
de la poésie —
au Front voûté
de firmament.

PARC SANS AMOUREUX

... châtaigniers vigoureux
revêtus de haillons.

Sur un banc près du lac
un baiser —
et nulle part des amoureux.

... rosés agitées
de pensées.

Et la nuit sublime
se dresse à quatre pattes
sur la lune.

L'eau respire, respire dans les roseaux.

Hélas, l'esprit
heurte le corps.

DE LA COULEUR DES PLEURS

... midi attristé comme une conserve
de poisson abîmé ...

Il y a des rues pleines de creux.
Et la vie est trépas.

Moi je suis le maître de tout
ce qui n'existe pas.
Je vis en mon dehors.

Le vent tire l'herbe
par la chevelure.
A la poubelle
la pluie est chat.

Je donne au lavage quelques
vers sordides.

Ce temps
est mon non-temps.

LECTURE A L'ESPRIT

Je suis allongé, la main sous la tête ...
Le titre d'un livre
serpente comme un cri
au-dessus.

Du désir d'être
lustré par l'absolu,
je commence à lire
accroché de mots
par les hameçons des yeux :

les lettres bondissent de leur place,
elles me tirent par la main,
apportent l'étranger
sous mes sens,
font tapage et tumulte
et me piaillent aux oreilles
à la vitesse du siècle.

Se heurtant au tympan
certaines boitent encore
 déposant leur cendre en couches
sur le cerveau
(moi, je loge dans une seconde
inclinée légèrement vers le parfait).

Entre les lignes, une voix
me jette des fleurs
(sa chaleur traverse mon esprit).

Quelques personnages,
chacun classé par séries
d'après leur nom ou leur aspect
s'éveillent devant moi
m'invitant à la discussion,
puis sortent en hâte de la page.

Comme un enfant
le temps saute sur les degrés des ans
de feuille en feuille,
en avant et en arrière

de guerre lasse les jaunissant.

Finalement je me réveille en lisant
la même page depuis deux fois.

ÉCOUTE LA TEMPÊTE
QUE CHANTE LA DÉMENTE

En putrides gémissements
la mer
par le rivage ceinte.
Neptune y promène
sa peine.

Ecoute, écoute la tempête
que chante la démente!...
mais la mer brûle
ses entrailles.
La ville est
dans les fureurs de vent,
les yeux oints
de pleurs.

AIR AUX YEUX DE BRONZE

Serpents de lumière ...
Dans le ciel d'un nid
public nombreux:
des oiseaux miroitants
élargissent la nue.

Guêpiers chtoniques
de corydales ...
Des parfums diaphanes par les vallées
quêtent leur fleur.

Air aux yeux de bronze ...

HISTOIRE DE LA LANGUE ROUMAINE

On a découvert dans le sol
de grands débris de mots
du temps des Thraco-Gètes.
(Ces mots que, pour engendrer la chaleur,
nous brisons
et livrons au feu
près de la tempe).

Ils chuchotent des étoiles, des plantes, des animaux,
pleurent la rosée et sourient aux bourgeons.
Ils taisent le silence, chantent le merle
et font germer l'herbe
et souffler la brise des régions orientales
du coeur.

FORMULES POUR L'ESPRIT

L'effigie hideuse
du temps
sur le front.

Fébrilement je cherche
des formules
(qui n'existent pas)
pour l'esprit.

Le cerveau
transpire sur les tempes.

A subsisté le reflet —
temple
où je me rencontre
avec moi-même.

L'AMOUR AUX LONGS CHEVEUX

Je lis aussi les rivières, les arbres,
l'air, la mer.

Je lis les rivières et les écris
avec des pierres,
je lis les arbres
et les écris avec des feuilles,
je lis l'air et
l'écris avec des nuages,
je lis la mer et l'écris
avec des méduses.

J'écris aussi avec des pierres, des feuilles,
des nuages, des méduses.

Je lis l'amour aux longs cheveux —
et pour écrire
je trempe ma plume dans les larmes,
dans les larmes.

DE SA MÉLODIE
JAILLISSENT DES SOURCES

Sur la colline les bouleaux
s'éclaircissent d'argent.

Les acacias éclatent
en rires
de bourgeons,
les lumières s'assemblent
en orangers.

Vois-tu cet oiseau-là?
Ses ailes s'appuient
sur l'azur.
De sa mélodie
jaillissent des sources.

LEITMOTIVE

Il pleut à plus infini....
Ma présence parmi les hommes
est absente.

Les gouttes tombent sur l'asphalte
telles des grenades,
l'herbe est si lâche
qu'elle penche à tout vent.

Eh, que ne prendrais-je le temps par les cornes
comme un taureau
et ne le terrasserais-je au sol!

Les gouttes tombent sur l'asphalte
telles des grenades
il pleut à plus infini.

DE L'ÉTENDARD FLOTTE LA MÉTAPHORE

L'automne peint sans éclat
le cri des fleurs
endormies.

Sur les vieilles collines
rumeur de bétail
aux pis souples
en ondes-de-raisins.

Semblable à un arc-en-ciel
de l'étendard flotte
la métaphore.

ICÔNE

Les beaux
seins me piquent
comme deux petites cornes d'agneau.
Tes jeunes années
m'étreignent.
Sur les épaules
la chevelure mouillée dans la nuit
glisse en longs murmures.
Tes lèvres, de verre,
cinglent mes joues,
et ton coeur
dissout mon être
comme les vagues dispersant
les sables sur le rivage.
Ô si loin
est l'azur de tes yeux
que la symphonie de l'amour
a seulement une ouverture.

LA BELLE SE LAMENTE
TELLE UN POMMIER

"Objet égoïste
le miroir —
toi seule te révèle
solitude!"

(Et la belle se lamente, se lamente
telle un pommier
devant son miroir
comme en face de sa propre conscience —

et quelque part, au loin,
on entend chuter
les vaines illusions).

―――――――――――――――――

VOUS ME SURPRENDREZ
MENDIANT UN UNIVERS

Pleurent les heures entre les années,
heures demeurées
blanches statues
dans la lave sombre
du temps.

L'horizon (rempli-de-honte)
se courbe devant moi.
à travers les bois le vent
en corde pend.

Là, au bord
de l'espace,
vous me surprendrez mendiant
un Univers.

LA VIE, LA PAUVRE, PERD SON TEMPS

Les nuages pendent
comme des lustres immondes.

Il pleut si longuement que croissent mousses et lichens
juste sur le coeur.
La vie, la pauvre,
vois comme elle perd son temps.
L'aquilon
par d'insolents ondoiements
me donne des gifles légères
sur le visage.
Il pleut si longuement que croissent mousses et lichens
juste sur le coeur,
et la vie, la pauvre,
vois comme elle perd son temps!

―――――――――――――――――

L'INTÉRIEUR MEUBLÉ D'UNE POÉSIE

Poèmes galants
cravate au cou
étalés sur la scène.
Les danseurs passent bras dessus, bras dessous,
avec quelque mélodie.

Un papillon
sur chaque parole.
Et dans l'intérieur meublé
d'une poésie
le poète tient encore
entre ses dents
le verbe ultime.

LES PAYSANS DÉFILAIENT ...

Les paysans défilaient
salis par la suie de la nuit
dans le lourd char grinçant
du Temps,
attelant les boeufs à l'essieu du monde.

Visages ciselés dans la tristesse de pierre
au sommeil étendu entre les gênes
et les rêves brisés dans la tête,
ils passaient comme de longues cataractes
qui tombent sans trêve
et ne rencontrent plus la terre.
Ils passaient dans les sabots souillés
de la pauvreté,
sur les chemins cariés de boue,
à l'ombre des peupliers qui avaient bu le ciel,
sous la fournaise qui avait signé en noir
sur leurs lèvres rassasiées de faim.

Ils passaient, leurs pantalons tachés de déprime
et leur blouse pleurée par la sueur
laissant des glèbes dans la révolte de charrue.

Entre les blessures sacrées,
des vents réunis en conversation
déchaînaient des flûtes emplies de doïnas

Les paysans défilaient
dans le lourd char grinçant
de l'Histoire,
tirant derrière eux l'essieu du monde.

LA FOURNAISE SE RÉVÈLE
TOUTE NUE

Les âges de l'eau
mis en cercles
vers l'infini....
L'accordéon
de la mer
respire exténué.
Sur un coussin d'air
un albatros.

La fournaise se révèle
toute nue.
Dans les parcs en attente
des bancs.

Torpide sous la coupole céleste
le soleil a gelé.
Et regarde fixement.

La fournaise se révèle —
nue.

SOUS SES AILES L'AIGLE IMPÉRIAL ÉTREINT LA NUE

Dans l'air ludique
une noce évanescente
de hérons.

Le zéphyr nous emporte doucement
sur des cornes acérées.

Un cerf
— se mourant de jeunesse —
agite son enfance
entre les herbes légères.

Sous ses ailes l'aigle impérial
étreint la nue —
plumage déployé.

ATTEINS DE TON FRONT
LE CHANT DU ROSSIGNOL

"De son fourreau, poète, tire
ton propos
pour atteindre de ton front
le chant du rossignol!"

Et nous raccommoderons
les heures
entre elles
d'un fil blanc
de lumière.

DÉBUT

Le vent timide qui souffle léger
le doux tourment du début
assassine mes paroles
avant de les écrire.

Entre les saules barbus,
parmi les chimères ensanglantées
s'accroît le pouls de l'herbe,
se rassemblent les heures affamées.

Comme l'eau aux sources soupire
de tristesse à la naissance,
comme les rejets fendent l'écorce
par passion de la croissance,
ce début pèse lourdement
sur ma tempe:
Il me caresse, il me blesse.

Ai-je surgi au couchant?

AU-DELÀ DU PROPOS

Nous respirons quotidiennement / l'air chargé de vers — / remplis d'épithètes / comme les arbres à fruits, / avec des éclats métalliques / telle une femme violemment fardée sur les lèvres; / nous franchissons les marches bondissantes / des mots syncopés, / et les symboles nous ouvrent / la porte d'un tunnel souterrain. / Vers herbeux, / grandis / dans le duvet ouaté / d'un songe, / déposés par le fleuve courant / d'un style / en chaudes alluvions.

Dévorés par la Nature, incendiés par l'Amour, leur montée - descente dans la réalité nous l'étayons sur les charpentes solides des métaphores.

Caressants comme le souffle léger d'un vent / aussi élevés que le rêve, / au corps / vert comme la vie, / aux yeux / bleus comme l'espérance / et noirs comme la tristesse, / à l'écriture / aussi douce que l'amour / et amère comme la souffrance / que ces Poèmes / portent la belle pensée / plus pure que la santé!